La violenza maf

'ni

.se

Monday Banga Assumani

La violenza mafiosa nelle baraccopoli urbane di Bukavu: Comprendere le cause

La violenza extragiudiziale nei quartieri poveri di Panzi

ScienciaScripts

This book is a translation from the original published under ISBN 978-613-8-42485-7.

Publisher:
Sciencia Scripts
is a trademark of
Dodo Books Indian Ocean Ltd. and OmniScriptum S.R.L publishing group

120 High Road, East Finchley, London, N2 9ED, United Kingdom
Str. Armeneasca 28/1, office 1, Chisinau MD-2012, Republic of Moldova, Europe

ISBN: 978-620-7-30072-3

TABELLA DEI COMPONENTI:

ABSTRACT

I resoconti di violenze e aggressioni da parte della folla nelle baraccopoli urbane di Bukavu come forma di "giustizia popolare istantanea" contro presunti colpevoli e criminali abbondano e colpiscono ripetutamente le prime pagine dei media, come difficilmente accade nei sobborghi più ricchi che ospitano le classi lavoratrici e medio-alte di Bukavu. I resoconti ripetitivi di questi eventi trovati nel pubblico dominio sembrano supportare l'idea che queste pratiche siano pervasive e un tratto comune che caratterizza la vita sociale negli insediamenti poveri di Bukavu. Le misure di sicurezza imposte dallo Stato nelle baraccopoli urbane di Bukavu, come Panzi, sono caratterizzate dalla loro presenza disordinata e dai loro modi avventati. Queste inadeguatezze non solo alimentano i sentimenti di frustrazione dovuti all'esclusione dai servizi pubblici di base, ma aprono nicchie per la propagazione di alternative violente all'accesso e all'amministrazione della giustizia sotto forma di violenza di gruppo. Questo lavoro indaga il fenomeno della violenza mafiosa a Panzi ed esamina anche come sia possibile prevenirla.

ELENCO DEGLI ACRONIMI E DELLE ABBREVIAZIONI

UN: United Nations

LEA: Law Enforcement Authorities

JEFV: Jeunes Essence Forces Vives

2

CAPITOLO 1

INTRODUZIONE

Un'analisi storica del fenomeno della violenza mafiosa nelle principali regioni del mondo mostra che la dispensazione extragiudiziale della violenza mafiosa si riferisce a punizioni inflitte da persone o gruppi non autorizzati (vigilantes, anziani, ecc.). Questi individui la ritengono un'arma vitale per sostenere un determinato ordine sociale. Queste punizioni sono imposte senza l'autorizzazione di un tribunale o di un'autorità legale e spesso sono somministrate senza alcuna probabilità o prova che le vittime di queste punizioni abbiano commesso un crimine contro lo statuto legale o che sia stato seguito il corretto processo legale. Queste punizioni coprono un'ampia gamma di attività illegali come percosse, estorsione di multe illegali in natura o in contanti per evitare la punizione, torture, tra le altre pratiche umilianti e, purtroppo, uccisioni. Le uccisioni, classificate come esecuzioni arbitrarie, sommarie o extragiudiziali, hanno in comune il fatto di riferirsi a omicidi commessi dalle forze di sicurezza e da altri individui, senza permettere alla vittima di esercitare il suo legittimo diritto di difendersi attraverso un procedimento legale.

In tutto il mondo, quasi tutte le società hanno conosciuto mezzi di controllo sociale che per loro natura sono violenti ed extragiudiziali, eseguiti da una folla, spesso con l'impiccagione, ma anche con il rogo o la fucilazione, per punire un presunto trasgressore o per intimidire, controllare o manipolare in altro modo una popolazione di persone. I linciaggi sono stati più frequenti nei periodi di tensione sociale ed economica e spesso sono stati il mezzo utilizzato dalla popolazione politicamente dominante per opprimere gli sfidanti sociali. A volte si pensa erroneamente che il linciaggio sia un'attività esclusivamente nordamericana, ma è presente in tutto il mondo quando i vigilantes agiscono per punire persone al di fuori dello stato di diritto; in effetti, si possono trovare casi di linciaggio in società che precedono di molto la colonizzazione europea del Nord America.(Manfred & Wendt, 2011) Il linciaggio durante il XIX secolo negli Stati Uniti, in Gran Bretagna e nelle colonie, ha coinciso con un periodo di violenza che ha negato alle persone la partecipazione alla società dominata dai bianchi sulla base della razza o del genere dopo l'Emancipation Act del

3

1833. (Smith, 2007)

A livello regionale, il sondaggio d'opinione del 2007 sulle cause della violenza di gruppo in Tanzania, i cui risultati sono stati pubblicati nel Rapporto sui diritti umani in Tanzania del 2007 a pagina 19, ha suggerito che la violenza di gruppo è causata da diversi fattori, tra cui la mancanza di fiducia nelle forze di polizia, la lontananza di alcune stazioni di polizia, l'ignoranza da parte dei cittadini del giusto processo legale di gestione di un sospetto criminale e la rabbia pubblica contro i crimini minori. I cittadini sono convinti che la maggior parte degli agenti di polizia sia corrotta e che, pertanto, una volta portato alla polizia, il sospetto venga rilasciato su due piedi. (LHCR, 2010)

Una ricerca qualitativa sulla giustizia dei vigilanti nell'Uganda moderna, condotta da Robin Glad et al. dell'Università di Göteborg nel 2010, è giunta alla conclusione che i difetti del sistema giudiziario emergono come una delle cause principali della giustizia mafiosa. A causa della corruzione, dei ritardi nel sistema giudiziario e della debolezza della legislazione, alcuni reati non vengono puniti, creando un sistema giudiziario arbitrario e inaffidabile. Lo studio dimostra che, in circostanze in cui l'applicazione della legge è assente, il pubblico cercherà di far rispettare la legge da solo e di creare le proprie sanzioni. Le sanzioni stabilite dal pubblico sostituiscono il sistema giudiziario fallito e quando il pubblico, invece del sistema legale, distribuisce le punizioni, queste tendono a essere molto più severe e non sembrano essere proporzionate al crimine. (Glad et al., 2010) Il Rapporto annuale della polizia ugandese sulla criminalità e sul traffico/sicurezza stradale del 2010 indica nei ritardi nella conclusione del processo giudiziario, in cui alcuni sospetti sono stati rilasciati su cauzione dopo il periodo di custodia cautelare obbligatoria, e finiscono per interferire con i testimoni o nascondersi, la causa principale del malcontento tra la popolazione, che sfocia nella violenza di gruppo. Secondo il rapporto, nel 2010 sono stati indagati 357 casi di violenza di gruppo rispetto ai 332 del 2009, con un aumento del 7,5% che la polizia ha attribuito ai ritardi nell'erogazione della giustizia, contrariamente a quanto avviene in Africa, dove le pene sono istantanee.

La "giustizia" extra-legale violenta nella parte orientale della RD Congo assume varie forme. Spesso consiste in una folla che picchia o lapida le persone a morte e/o le brucia vive, ed è comunemente accompagnata da atti di distruzione della proprietà, come l'incendio di case e beni. (Verweijen, 2016) I sospetti criminali vengono uccisi dopo che la gente del posto, delusa dal sistema giudiziario, si fa giustizia da sola, un modello di giustizia vigilante che riflette una profonda sfiducia nelle autorità locali e nel sistema giudiziario. Recenti casi di cosiddetta giustizia di mafia, in cui sospetti criminali sono stati picchiati a morte da folle inferocite, hanno allarmato i difensori dei diritti umani nel Sud-Kivu. Nella Repubblica Democratica del Congo, le cause della violenza mafiosa sembrano derivare da un accumulo di fattori di governance, sociali ed economici, brevemente esaminati di seguito:

Un rapporto del 2012 del Relatore speciale delle Nazioni Unite sulle esecuzioni extragiudiziali, sommarie o arbitrarie nella Repubblica Democratica del Congo (A/HRC/20/22/add.1), sottolinea l'esistenza di uccisioni da parte di vigilanti e di giustizia mafiosa, dovute principalmente alla mancanza di fiducia nel sistema giudiziario e all'alto costo del ricorso ai meccanismi del sistema giudiziario. Tra le vittime ci sono sospetti di streghe - per lo più donne e bambini - così come sospetti di furto o stupro. Sebbene i dati non siano sufficientemente disponibili per stabilire statistiche precise sul numero di uccisioni, i media locali e i rapporti delle ONG indicano che sono ancora ampiamente eseguite. (Nazioni Unite, 2012), (Verweijen, 2013)

I servizi di giustizia e sicurezza della RD Congo, gestiti dallo Stato, funzionano in modo estremamente irregolare. Dispongono di risorse umane e finanziarie insufficienti, soffrono di carenze infrastrutturali e logistiche e sono costellati da complesse strutture di potere, che spesso li portano ad agire secondo logiche clientelari e ad estrarre risorse dai cittadini. (Tali disfunzioni favoriscono la giustizia extragiudiziale sia direttamente che indirettamente. Un modo diretto è che gli autori di crimini sono spesso lasciati liberi dalla polizia o dalla magistratura, in cambio di un pagamento o a seguito di pressioni da parte di chi li "protegge". Altri evadono semplicemente dal carcere in cambio di tangenti o attraverso l'evasione. (Tekilazaya et al., 2013)

5

Il malfunzionamento dei servizi di sicurezza contribuisce anche in modo più indiretto alla giustizia mafiosa: sia la carenza di personale che di equipaggiamento della polizia nazionale rende difficile il suo intervento in questi casi. (Il numero esiguo di poliziotti, soprattutto nelle aree rurali, e la mancanza di gas lacrimogeni, proiettili di gomma e altre attrezzature antisommossa, fanno sì che spesso si trovino a dover scegliere se lasciare che il capro espiatorio venga ucciso o rischiare molti più morti e feriti nel tentativo di fermare la folla con la violenza. Di conseguenza, i tentativi di intervento tendono a essere solo a metà. (Inoltre, è prassi comune che i criminali potenti corrompano poliziotti e magistrati per tornare in libertà.

Dopo essersi resi conto dell'apparente impotenza e incapacità delle autorità di polizia, i cittadini di Bukavu, che vivono in uno stato di paura e di difesa, hanno iniziato a proteggersi in vari modi. La parte della popolazione che può permetterselo si è trasferita in aree della città meglio sorvegliate. Nelle aree a basso reddito, come il Quartier Panzi, i gruppi di vigilantes sono formati dagli stessi residenti. I cittadini hanno deciso di farsi giustizia da soli. Un gangster, un rapinatore o anche un ladruncolo, contro cui è stato lanciato un allarme, viene inseguito dalla folla e, una volta catturato, viene lapidato a morte. Inoltre, coloro che perpetrano la giustizia mafiosa raramente vengono perseguiti o subiscono altre conseguenze. I colpevoli sono semplicemente troppo numerosi e coloro che li consegnerebbero alla giustizia temono le rappresaglie pubbliche.

Purtroppo, alcune risposte popolari alle carenze delle istituzioni di sicurezza regolari non hanno fatto altro che aumentare ulteriormente il rischio di giustizia mafiosa. In alcuni luoghi, i comitati di vigilantes, a volte dominati da soldati smobilitati, sono stati fondamentali nell'orchestrare le uccisioni. Ciò è avvenuto soprattutto quando i vigilantes hanno assunto il ruolo di valutare le accuse di stregoneria, che sono la seconda fonte principale di giustizia mafiosa dopo i sospetti di criminalità. Ad esempio, a Uvira (provincia del Sud-Kivu), i vigilantes locali chiamati "Balala Rondo" sono stati in prima linea nelle accuse di stregoneria che hanno portato alla giustizia di mafia.

In RD Congo, la violenza di gruppo e le aggressioni sembrano essere le forme più diffuse di giustizia extragiudiziale. (Nazioni Unite, 2012) La violenza di gruppo è una forma di aggressione nei confronti di presunti criminali. Il crimine può verificarsi a causa della frustrazione del gruppo dovuta alle carenze della giustizia penale e legale nella società congolese. Una delle sfide che affliggono il sistema di giustizia legale e penale in Congo è rappresentata dalle procedure di accusa presso i tribunali, che spesso rilasciano i sospetti per mancanza di prove. Quando noti criminali vengono rilasciati per mancanza di prove, i membri della comunità colpiti possono sentirsi traditi dallo stesso sistema giudiziario che dovrebbe sostenere la legge e punire i criminali. Un senso di amarezza e tradimento, quindi, a volte porta i membri della popolazione a farsi giustizia da soli attraverso la violenza di gruppo. I motivi che portano alla violenza mafiosa possono essere molti, ma un pericolo reale della giustizia mafiosa è la possibilità che il sospetto criminale che affronta l'ira del pubblico possa essere innocente. La violenza della folla, quindi, anziché essere una rapida esecuzione della giustizia, diventa un caso di abuso di massa dei diritti umani fondamentali della vittima.

Il Quartier Panzi è uno degli insediamenti informali di Bukavu elencati come punto caldo della criminalità nel rapporto sopra citato. Negli ultimi anni Panzi ha dovuto far fronte al sovraffollamento, all'aumento del tasso di criminalità e alle carenze igieniche. Gli alti tassi di criminalità e disoccupazione contribuiscono ulteriormente alla povertà degli abitanti e rendono Panzi un luogo pericoloso in cui vivere. Prostituzione, abuso di droghe e alcol, stupri e altri crimini violenti sono mali sociali comuni a Panzi. Nelle aree degradate come Panzi si registrano molti casi di violenza mafiosa e le vittime sono sospettate di aver commesso piccoli crimini come furti, borseggi, scippi e sottrazioni di borse e telefoni cellulari per strada. Nella maggior parte dei casi denunciati, nessuno viene perseguito in tribunale, perché nessuno si offre volontariamente di testimoniare alla polizia o di presentarsi come testimone in tribunale. I giovani adulti maschi rimangono particolarmente vulnerabili a questi problemi. La violenza mafiosa ha chiaramente effetti immediati sui diritti e sulla sicurezza dell'individuo e della comunità e ha provocato danni fisici, morte e danni alla proprietà.

Questo lavoro si è concentrato sulla ricerca di risposte alle dinamiche interne allo slum di Panzi che portano all'accumulo di mobilitazioni violente, e su quali siano i gruppi di attori coinvolti nella dispensazione extragiudiziale della violenza mafiosa nello slum

7

di Panzi e quali siano le loro motivazioni. Ci è sembrato inoltre interessante indagare sugli sforzi messi in atto per arginare la violenza mafiosa nello slum di Panzi e analizzare le sfide che le autorità preposte all'applicazione della legge devono affrontare per controllare la violenza mafiosa in quest'area.

Nelle pagine che seguono, cercheremo di evidenziare i fattori che contribuiscono alla violenza mafiosa nello Slum di Panzi e la frequenza del fenomeno. Cercheremo di identificare la natura e l'entità degli sforzi messi in atto in precedenza per arginare il problema e ne analizzeremo l'impatto; ciò consentirà di evitare la duplicazione di misure poco promettenti. Inoltre, cercheremo di affrontare le sfide presenti e future che gli agenti delle forze dell'ordine devono affrontare per controllare la violenza mafiosa negli slum di Panzi. Ci spingeremo oltre, illuminando la società sui necessari miglioramenti dei meccanismi di applicazione della legge da impiegare per arginare la violenza mafiosa nei quartieri poveri di Panzi.

L'ipotesi della frustrazione-aggressione e la violenza delle folle

L'ipotesi della frustrazione-aggressione, altrimenti nota come teoria dello spostamento della frustrazione-aggressione, tenta di spiegare perché le persone fanno da capro espiatorio (Whitely & Kite, 2010) e cerca di dare una spiegazione alla causa della violenza. La teoria, sviluppata da John Dollard e colleghi (1939), sostiene che la frustrazione provoca l'aggressione, ma quando la fonte della frustrazione non può essere contestata, l'aggressione viene spostata su un bersaglio innocente. Questa teoria viene utilizzata anche per spiegare le rivolte e le rivoluzioni. Entrambe sono causate dalle fasce più povere e disagiate della società che possono esprimere la loro frustrazione e rabbia repressa attraverso la violenza. Dollard ha sostenuto che "il verificarsi di un comportamento aggressivo presuppone sempre l'esistenza di una frustrazione e, al contrario, che l'esistenza di una frustrazione porta sempre a una qualche forma di aggressione". A sostegno della teoria della frustrazione-aggressione, Aristotele (Okanya, 1996) ha affermato che le lotte e le rivoluzioni non nascono dalla natura cospirativa o maligna dell'uomo, ma piuttosto le rivoluzioni derivano dalla povertà e dall'ingiustizia distributiva. Pertanto, quando i poveri sono in maggioranza e non hanno alcuna prospettiva di migliorare la loro condizione, sono destinati a essere

8

irrequieti e a cercare una riparazione attraverso la violenza. Come risultato della frustrazione di gruppo dovuta alle carenze della giustizia penale e legale che affliggono la società congolese, gli individui all'interno della folla che hanno assistito o sono stati vittime di crimini che non sono stati fermati o affrontati efficacemente dai meccanismi di applicazione della legge, ricorrono alla violenza di gruppo per sfogare la loro rabbia e cercare un risarcimento.

Quadro concettuale

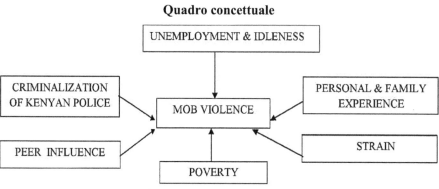

Figura 1: Quadro concettuale

CAPITOLO 2
DARE UN SENSO ALLE MECCANICHE DELLA VIOLENZA MAFIOSA
NELLA STORIA

Il dottor Michael Welner (2011), uno dei migliori psichiatri forensi d'America, sostiene che la violenza mafiosa si scatena in genere con poca pianificazione. Molti dei partecipanti sono giovani attratti dall'eccitazione e dal fascino di sfidare l'autorità. In genere, nelle mafie si trova una piccola percentuale di criminali incalliti, che però hanno un ruolo importante nell'istigare l'illegalità sfrenata e nel dare il tono feroce del caos. La violenza di solito si perpetua e viene persino copiata altrove quando i media e le autorità pubbliche spiegano il comportamento come "rabbia" e "disincanto" da parte di "giovani disaffezionati". Questi messaggi portano con sé un diritto che legittima l'illegalità. La psicologia delle folle, nota anche come psicologia della mafia, è una branca della psicologia sociale.

Gli psicologi sociali hanno sviluppato diverse teorie per spiegare i modi in cui la psicologia della folla differisce e interagisce con quella degli individui al suo interno. Tra i principali teorici della psicologia delle folle vi sono Gustave Le Bon, Gabriel Tarde, Sigmund Freud e Steve Reicher. Questo campo si riferisce ai comportamenti e ai processi di pensiero sia dei singoli membri della folla sia della folla come entità. (Manstead & Hewstone, 1996) Il comportamento della folla è fortemente influenzato dalla perdita di responsabilità dell'individuo e dall'impressione di universalità del comportamento, che aumentano con le dimensioni della folla.(Greenberg, 2010; Toch, 1988) Le folle che si radunano in nome di una lamentela possono comportare un comportamento di branco che diventa violento, in particolare quando vengono affrontate da un gruppo etnico o razziale opposto. I disordini di Los Angeles del 1992, i Draft Riots di New York e i Race Riot di Tulsa sono noti nella storia degli Stati Uniti d'America.

L'idea di "mente di gruppo" o "comportamento di folla" è stata avanzata dagli psicologi sociali francesi Gabriel Tarde e Gustave Le Bon. La teoria della deindividuazione sostiene che nelle situazioni tipiche della folla, fattori come l'anonimato, l'unità del gruppo e l'eccitazione indeboliscono i controlli personali (ad esempio, il senso di colpa, la vergogna, il comportamento di autovalutazione) allontanando le persone dalla loro identità personale e riducendo la loro preoccupazione per la valutazione sociale. (Manstead & Hewstone, 1996) Il linciaggio, come forma di punizione per presunti reati penali, eseguito da commissioni autoconvocate, folle o vigilantes senza un regolare processo di legge, è una pratica diffusa in tutto il mondo nel corso della storia. Il termine "legge di Lynch" (e successivamente "legge di Lynch" e "linciaggio") sembra essere nato durante la Rivoluzione americana, quando Charles Lynch, un giudice di pace della Virginia, ordinò una punizione extralegale per gli atti dei Tory. Nel Sud, i membri del movimento abolizionista o altre persone che si opponevano alla schiavitù erano di solito bersaglio della violenza dei linciaggi prima della Guerra Civile. I collaboratori di Morris L. Hallowell, l'abolizionista di Filadelfia, furono minacciati di linciaggio ma riuscirono a salvarsi, come Thomas W. Sweney, in visita ad Atlanta, e T. Russel Dawson, che viveva a Norfolk, in Virginia.(Hallowell, 1893) Durante la guerra, le unità della Guardia Nazionale del Sud a volte linciavano i bianchi del Sud sospettati di essere unionisti o disertori; un esempio è l'impiccagione del ministro metodista Bill Sketoe nella città di Newton, nell'Alabama meridionale, nel dicembre 1864. La violenza delle mafie nacque come mezzo per far rispettare la supremazia bianca e sfiorò il terrorismo politico sistematico. Il Ku Klux Klan, i gruppi paramilitari e altri bianchi uniti dalla frustrazione e dalla rabbia difesero spietatamente gli interessi della supremazia bianca. Nel 1944 in Europa, Wolfgang Rosterg, un prigioniero di guerra tedesco noto per essere inviso al regime nazista, fu linciato dai compagni nazisti nel campo 21 di Comrie, in Scozia. Dopo la fine della Seconda guerra mondiale, cinque dei colpevoli furono impiccati nella prigione di Pentonville, la più grande esecuzione multipla nella Gran Bretagna del XX secolo. (Caledonia.tv). Ci sono anche circa 150 casi confermati di membri dell'equipaggio di aerei alleati precipitati (soprattutto bombardieri) che sono stati linciati da civili, soldati, poliziotti o paramilitari tedeschi per vendicare ciò che i propagandisti nazisti definivano "bombardamenti terroristici alleati".

Ciò fu ulteriormente promosso dai funzionari nazisti attraverso ordini segreti che proibivano a poliziotti e soldati di interferire a favore del nemico nei conflitti tra civili e forze alleate, o di perseguire i civili che si impegnavano in tali atti.

A livello regionale, il sondaggio d'opinione del 2007 sulle cause della violenza di gruppo in Tanzania, i cui risultati sono stati pubblicati nel Rapporto sui diritti umani in Tanzania del 2007 a pagina 19, ha suggerito che la violenza di gruppo è causata da diversi fattori, tra cui la mancanza di fiducia nelle forze di polizia, la lontananza di alcune stazioni di polizia, l'ignoranza da parte dei cittadini del giusto processo legale di gestione di un sospetto criminale e la rabbia pubblica contro i crimini minori. I cittadini sono convinti che la maggior parte degli agenti di polizia sia corrotta e che quindi, una volta che il sospetto è stato portato alla polizia, sia stato liberato a loro spese. (LHCR, 2010) Una ricerca qualitativa sulla giustizia dei vigilanti nell'Uganda moderna, condotta da Robin Glad e altri dell'Università di Göteborg nel 2010, è giunta alla conclusione che i difetti del sistema giudiziario emergono come una delle cause principali della giustizia mafiosa. A causa della corruzione, dei ritardi nel sistema giudiziario e della debolezza della legislazione, alcuni reati non vengono puniti, creando un sistema giudiziario arbitrario e inaffidabile. Lo studio dimostra che, in circostanze in cui l'applicazione della legge è assente, il pubblico cercherà di far rispettare la legge da solo e di creare le proprie sanzioni. Le sanzioni stabilite dal pubblico sostituiscono il sistema giudiziario fallito e quando il pubblico, invece del sistema legale, distribuisce le punizioni, queste tendono a essere molto più severe e non sembrano essere proporzionate al crimine. (Glad et al., 2010) Il Rapporto annuale della polizia ugandese sulla criminalità e sul traffico/sicurezza stradale del 2010 indica nei ritardi nella conclusione del processo giudiziario, in cui alcuni sospetti sono stati rilasciati su cauzione dopo il periodo di custodia cautelare obbligatoria, e finiscono per interferire con i testimoni o per nascondersi, la causa principale del malcontento tra la popolazione che sfocia nella violenza di gruppo. Secondo il rapporto, nel 2010 sono stati indagati 357 casi di violenza di gruppo rispetto ai 332 del 2009, con un aumento del 7,5% che la polizia ha attribuito ai ritardi nell'erogazione della giustizia, contrariamente a quanto avviene in Africa, dove le pene sono istantanee.

In Sudafrica, la pratica di frustare e legare al collo i trasgressori e gli oppositori politici si è sviluppata negli anni '80, durante l'era dell'apartheid. I residenti delle township nere formarono dei "tribunali del popolo" per terrorizzare i neri che erano visti come collaboratori del governo usando frustate e morti per collane. Il necklacing è la tortura e l'esecuzione delle vittime mediante l'accensione di un pneumatico di gomma riempito di cherosene che viene forzato intorno al petto e alle braccia della vittima. Il necklacing veniva usato per punire le vittime che si presumeva fossero traditori del movimento di liberazione dei neri e i parenti e gli associati dei colpevoli. A volte i "tribunali del popolo" commettevano errori o usavano il sistema per punire coloro ai quali i leader si opponevano. Ci fu un'enorme controversia quando questa pratica fu approvata da Winnie Mandela, allora moglie dell'imprigionato Nelson Mandela e membro di spicco dell'African National Congress. (The Guardian, 27 gennaio 1989) Più recentemente, spacciatori di droga e altri membri di bande sono stati linciati nella zona di Città del Capo da People Against Gangsterism and Drugs (PAGAD), un'organizzazione di vigilantes musulmani.

In Kenya, le cause della violenza delle folle sembrano derivare da un accumulo di fattori di governance, sociali ed economici, brevemente esaminati di seguito:

Nel suo Rapporto mondiale del 2002, Human Right Watch ha riferito che, con l'aumento dei crimini violenti, le denunce di corruzione della polizia, di molestie, di uso eccessivo della forza e di confinamento illegale sono diventate la routine. Di conseguenza, la polizia è diventata sempre più temuta e odiata dai cittadini di Nairobi. Dopo essersi resi conto dell'apparente impotenza e incapacità delle autorità preposte all'applicazione della legge, i cittadini di Nairobi, che vivono in uno stato di paura e di difesa fin dagli anni '90, hanno iniziato a proteggersi ricorrendo alla "giustizia mafiosa". Gimode (2001) sostiene che una lamentela comune tra i cittadini è che quando i criminali vengono consegnati alla polizia, quest'ultima li rilascia sulla base di prove insufficienti. Inoltre, è pratica comune che i criminali potenti corrompano poliziotti e magistrati per tornare in libertà.

Dopo essersi resi conto dell'apparente impotenza e incapacità delle autorità di polizia, i cittadini di Nairobi, che vivono in uno stato di paura e di difesa, hanno iniziato a proteggersi in vari modi. La parte della popolazione che può permetterselo si è chiusa in recinti con alte mura e recinzioni elettriche. Le guardie di sicurezza private si sono moltiplicate all'ingresso di proprietà, uffici, banche, ristoranti, centri commerciali, ecc. Nelle aree a basso reddito, i gruppi di vigilantes sono stati formati dagli stessi residenti. Inoltre, a partire dagli anni '90, a Nairobi si è sviluppato un fenomeno chiamato "Mob Justice", come reazione all'incapacità dello Stato di sradicare il crimine. I cittadini hanno deciso di farsi giustizia da soli. Un gangster, un rapinatore o anche un ladruncolo, contro cui è stato lanciato un allarme, viene inseguito dalla folla e, una volta catturato, viene lapidato a morte. Ad esempio, negli ultimi tre mesi del 1993, la polizia ha registrato 110 criminali uccisi dalla giustizia mafiosa (Gimode, 2001). L'uso della violenza come strumento di autogiustizia è ormai accettato dalla società, come dimostra la dichiarazione all'inizio degli anni '90 di Miruka Owuon, membro del Parlamento: "se il governo non era in grado di proteggere il suo popolo, allora il popolo aveva il diritto di prendere le armi e andare in guerra contro gli aggressori" (Kahal, 2006).

Il sistema coloniale in Kenya era estremamente diseguale e caratterizzato da una società divisa in classi, con gli europei in cima, gli asiatici, forza dominante nel settore commerciale e degli scambi, al centro e gli africani in fondo (Ahluwalia, 1996). Gli africani erano esclusi dal commercio e dagli scambi e non occupavano posizioni importanti nell'amministrazione coloniale. (Manundu, 1997) Dopo l'indipendenza la struttura economica e di potere non cambiò, il passaggio da un regime all'altro portò solo alla sostituzione delle élite bianche con quelle nere, ma le disuguaglianze di fondo rimasero. (Nichols, 1968) In altre parole, "l'indipendenza si limitò ad africanizzare la struttura di classe coloniale senza alterare sostanzialmente la forma e la funzione dell'economia, dello Stato e delle strutture politiche e legali". (Otiso, 2002) Dopo l'indipendenza si sono creati enormi divari tra gli abitanti delle baraccopoli urbane e le masse contadine rurali, da una parte, e le potenti élite, dall'altra.

Le élite non hanno alcun interesse a cambiare l'economia politica del Paese, perché permette loro di acquisire quantità illimitate di terra, ricchezza e potere politico. (Otiso, 2002) La base classista dell'amministrazione della giustizia è anche una delle principali cause dell'impunità e dell'insicurezza in Kenya. Lo Stato di diritto dovrebbe stabilire l'uguaglianza e garantire la giustizia a tutti i cittadini. Tuttavia, in un Paese a base classista come il Kenya, le leggi si basano sui dettami del capitale e sono "uno strumento di dominazione di classe, guidato da considerazioni di proprietà e per nulla umano". (Gimode, 2001) In Kenya esistono due serie di leggi, una per i poveri e una per i ricchi, dove i ricchi possono "comprare" la giustizia. Questo sistema dà incentivi sbagliati ai poveri, che vengono criminalizzati per la loro condizione di povertà e tendono quindi a diventare criminali recalcitranti. Purtroppo, in una società classista i poveri "sono sempre dalla parte sbagliata della legge, che la trasgrediscano o meno". (Gimode, 2001) Una delle caratteristiche principali della società di classe keniota è stata ed è tuttora la disparità di accesso alla terra e alle risorse economiche fin dal periodo della colonizzazione. Infatti, la società keniota è sempre stata caratterizzata dall'accaparramento della terra disponibile da parte dei ricchi e dei potenti, mentre gli africani hanno perso la loro terra durante la colonizzazione. Per questo motivo, "l'accesso e i diritti alla terra sono una questione chiave di contestazione in Kenya e la principale ragione di rivalità e scontri etnici in passato". (Amnesty International, 1998). L'ineguaglianza nell'accesso alla terra è particolarmente intensa a Nairobi, dove il 55% della popolazione africana è ammassata in solo il 4% dell'area residenziale totale. (K'Akumu e Olima, 2007) Il sistema di assegnazione della terra basato sulle classi, insieme alla mancanza di mercati fondiari formalmente regolamentati, ha svantaggiato soprattutto i poveri, costringendoli a ottenere la terra in modo informale e spesso attraverso occupazioni illegali. (Otiso, 2002) Di conseguenza, il numero di abitanti degli insediamenti informali a Nairobi è cresciuto da circa 500 nel 1952 a 22.000 nel 1972, per poi moltiplicarsi fino a 111.000 nel 1979. Attualmente quasi il 70% della popolazione totale di Nairobi vive in insediamenti informali. (Otiso, 2002) Tuttavia, gli insediamenti informali occupano poco più del 5% del terreno destinato a scopi residenziali nella città. (K'Akumu e Olima, 2007)

Ciò significa che gran parte della popolazione di Nairobi è ammassata in una parte molto limitata della città e vive in condizioni di vita estremamente disagiate, il che dimostra le enormi disuguaglianze insite nella distribuzione del territorio di Nairobi. Il rapporto del commissario di polizia per il 1997 ha attribuito l'escalation della violenza criminale a Nairobi all'elevato numero di abitanti. Anche se la crescita demografica

15

non può essere considerata una delle principali cause di violenza, la rapida crescita della popolazione di Nairobi, combinata con un contesto di iniqua distribuzione della terra, ha creato conflitti per le scarse risorse ed enormi disuguaglianze. La criminalità, come affermato nel rapporto Safer Cities su Nairobi del 2002, non è direttamente collegata alla povertà, ma è piuttosto una conseguenza dell'esclusione dai servizi sociali, dall'istruzione, dall'assistenza sanitaria, dalla governance e dalla politica. Nel caso specifico di Nairobi, questa esclusione economica, sociale e di governance delle classi più basse della popolazione è stata causata da un sistema politico illegittimo, da un sistema giudiziario ingiusto, da un accesso diseguale alla terra, alle opportunità economiche e ai servizi di base come la sanità e l'istruzione. In Kenya, la violenza di gruppo e le aggressioni sembrano essere le forme più diffuse di giustizia extragiudiziale (Kenya Crime Survey, 2003). La violenza di gruppo è una forma di aggressione di gruppo nei confronti di presunti criminali. Il crimine può verificarsi a causa della frustrazione del gruppo dovuta alle carenze della giustizia penale e legale nella società keniota. (Muchai, 2003) Una delle sfide che affliggono il sistema di giustizia legale e penale in Kenya è rappresentata dalle procedure giudiziarie presso i tribunali, che spesso rilasciano i sospetti per mancanza di prove. Quando noti criminali vengono rilasciati per mancanza di prove, i membri della comunità colpiti possono sentirsi traditi dallo stesso sistema giudiziario che dovrebbe sostenere la legge e punire i criminali. Un senso di amarezza e tradimento, quindi, a volte porta i membri della popolazione a farsi giustizia da soli attraverso la violenza di gruppo. I motivi che portano alla violenza mafiosa possono essere molti, ma un pericolo reale della giustizia mafiosa è la possibilità che il sospetto criminale che affronta l'ira del pubblico possa essere innocente. La violenza della folla, quindi, anziché essere una rapida esecuzione della giustizia, diventa un caso di abuso di massa dei diritti umani fondamentali della vittima.

A livello locale, diverse bande giovanili hanno operato attivamente nell'area di Bukavu negli ultimi quindici anni. Tra le più note possiamo citare la "Fin d'heures"[1] , una banda

---

[1] Altre trascrizioni del nome sono "Finders" (cercatori) o "Fenders" (finanziatori), che significano giovani truffatori che cercano di superare circostanze economiche disastrose. Vedi:

di giovani che ha terrorizzato la popolazione di Bukavu durante le ore più tarde della notte, da cui il nome "Fin d'heures", che in francese significa "fine delle ore" o "ore tarde"[2] . Altre bande conosciute sono "Tiya na Se" ("Metti giù tutto quello che hai" in Lingala, un vernacolo congolese parlato nella parte occidentale del Paese e ampiamente diffuso tra i militari), "The Wanted", "Armee Rouge" (esercito rosso in francese) e "Kaya Men" (tossicodipendenti di cannabis nello slang locale). Sebbene tutti questi gruppi siano interconnessi, si differenziano per la quantità e il tipo di violenza che infliggono alle loro vittime, per i luoghi e gli orari in cui operano, per le loro armi e per le loro reti[3] .

Furiosi per il livello di insicurezza e la mancanza di protezione da parte della polizia, già nel 2008 i residenti hanno iniziato a pattugliare le strade di notte, fermando i passanti e chiedendo l'identificazione con l'obiettivo di mettere in sicurezza il quartiere della baraccopoli di Panzi a Bukavu. Molto presto gli abitanti della baraccopoli di Panzi si sono dati al vigilantismo violento per proteggersi dalla crescente insicurezza della zona, con casi riportati di presunti ladri bruciati vivi, lapidati e picchiati a morte di tanto in tanto. Tra il 2009 e il 2010 la campagna dei giovani locali per distruggere la banda "Fin d'heures" nella zona. Una combinazione di fattori, oggetto di un lavoro separato, ha portato a uno spostamento dal volontariato per una maggiore sicurezza dei quartieri a un'opportunità di lavoro autonomo dei giovani coinvolti nella lotta contro il crimine, assistendo le vittime dei reati nella restituzione dei beni rubati dietro compenso. Nel quartiere Essence di Bukavu è sorto un gruppo di vigilanti locali, noto come Jeunes Essence Forces Vives (JEFV), che ha usato tattiche violente per reprimere la banda "Fin d'heures" tra il 2009 e il 2010[4] . Vuninga[5] , a ragione, sostiene che i gruppi anticrimine come la JEFV stanno giocando una carta di mediazione tra i gruppi

https://reliefweb.int/report/democratic-republic-congo/dr-congo-bukavu- vigilantes-bum-robbers-alive .
Nonostante il termine sia popolare a Bukavu dal 2009, si sa molto poco sulla sua origine e sul vero significato attribuitogli dai membri della banda.
Vuninga, R. S. (2018). "Lo fanno tutti": Le mutevoli dinamiche dell'attività delle bande giovanili a Bukavu, Repubblica Democratica del Congo. Social Science Research Council Working Papers, African Peacebuilding Network Working Papers: no. 16.
Ibidem.
Ibidem.
Ibidem.

criminali e le loro vittime, mentre meno di dieci anni fa erano ancora radicali nei modi in cui affrontavano i crimini giovanili. L'analisi del modo in cui i vigilantes locali e le organizzazioni anticrime hanno affrontato i criminali negli ultimi anni nella città di Bukavu indica che sono passati dal lavorare per fermarli al lavorare per proteggerli dalla violenza della comunità.

In conclusione, la violenza mafiosa è un fenomeno diffuso in tutto il mondo e il Congo non fa eccezione. Gli incidenti di giustizia mafiosa nelle baraccopoli di Panzi sono una questione di grande preoccupazione non solo perché si traducono in violazioni dei diritti umani, ma anche per l'approccio patetico e crudele che i cittadini applicano nell'incontrare la "giustizia" presso uno di loro. Alcuni esempi comuni illustreranno questo punto: decidere di uccidere un sospetto criminale con la lapidazione o dandogli fuoco; usare ogni sorta di armi rozze per punire la vittima fino a quando un agente di polizia non interviene per salvare la vita della vittima della mafia; somministrare al sospetto benzina o paraffina e vederlo morire bruciato, tra gli altri trattamenti inumani. La pratica evidenzia anche un certo grado di insicurezza per i cittadini innocenti, poiché potrebbero verificarsi casi di scambio di identità.

CAPITOLO 3

DINAMICHE INTERNE ALLO SLUM DI PANZI E VIOLENZA DI GRUPPO

Stephen Commins dell'Africa Center for Strategic Studies ha recentemente redatto un rapporto molto utile che spiega le sfide della crescita demografica e dell'urbanizzazione in Africa. Commins[6] sottolinea che la rapida crescita delle baraccopoli urbane sta creando una nuova fonte di fragilità per i governi africani. Le statistiche sono sorprendenti. Indicando i tassi di crescita urbana in città specifiche, la città di Bukavu sarà cresciuta di oltre il 300% tra il 1995 e il 2025, più di qualsiasi altra grande città della regione dei Grandi Laghi d'Africa, ad eccezione delle capitali di Ruanda, Burundi e Tanzania (Kigali, Bujumbura e Dar-Es-Salam).

I fatti incontestabili analizzando le tendenze di crescita delle città africane suggeriscono che le città africane stanno crescendo di circa 22 milioni di persone all'anno e sono destinate a raddoppiare nei prossimi 25 anni[7]. La maggior parte delle persone che migrano verso le città africane si trasferisce in insediamenti informali per mancanza di opzioni migliori. Questo è il caso della città di Bukavu, dove il rapido ritmo dell'urbanizzazione sta trasformando le sfide che questa città deve affrontare per fornire servizi, promuovere l'occupazione e garantire la sicurezza di base. In linea con il pensiero di Raleigh[8], la violenza della folla nella città di Bukavu è correlata alle sezioni non pianificate e sottosviluppate della città. Il conflitto di bassa entità ancora in corso in diversi territori del Sud Kivu e le disastrose condizioni economiche di questi luoghi hanno sostenuto il flusso di esodo rurale intorno alla città di Bukavu negli ultimi due decenni. Le baraccopoli come quella di Panzi sono sorte in seguito all'afflusso di nuovi arrivati e sono diventate la scelta di insediamento preferita dai nuovi arrivati in città per diverse ragioni immaginabili: i bassi prezzi degli affitti, la vicinanza con il centro della città e le opportunità di lavoro occasionale, la presenza di parenti e di reti

---

[5] Commins, F. (2018). *Dalla fragilità urbana alla stabilità urbana*. Africa Security Brief No.35, Africa Center for Strategic Studies, Washington, DC.

[7] Commins, F. (2018). *Dalla fragilità urbana alla stabilità urbana*. Africa Security Brief No.35, Africa Center for Strategic Studies, Washington, DC, p. 2.

[8] Raleigh, C. (2015). *Modelli di violenza urbana negli Stati africani*. International Studies Review 17, n. 1, pagg. 90-106.

di arrivi precedenti dagli stessi villaggi di origine.

Nel complesso, il governo congolese, sia a livello nazionale che locale, non ha prestato adeguata attenzione alle questioni relative alla corruzione, alla giustizia penale e alla polizia comunitaria. Come per tutte le altre questioni sociali ed economiche, la percezione della corruzione mina in modo significativo la fiducia degli abitanti dello slum di Panzi nei confronti degli accordi politici e riduce la loro volontà di impegnarsi con i sistemi di polizia e giustizia formali. Nonostante alcuni successi di riforma, tuttavia, la Police Nationale Congolaise (PNC, Polizia Nazionale Congolese) rimane in gran parte un riflesso dello Stato: è per lo più non responsabile nei confronti di coloro che dovrebbe servire e viene utilizzata da alcuni come strumento per estrarre risorse e proteggere gli interessi delle élite[9] . Citando Okenyodo[10] , Commins ha giustamente affermato che la creazione di organizzazioni di vigilantes e l'imposizione di una giustizia di strada, quando vari gruppi cercano di proteggere o far valere i propri interessi personali, è stimolata dall'incapacità delle istituzioni statali di mitigare e risolvere i conflitti per la terra, i servizi e i mezzi di sussistenza.

I residenti della baraccopoli di Panzi vivono in condizioni molto disumane e preoccupanti, con una grave mancanza di approvvigionamento di acqua potabile, di servizi igienici migliori, di alloggi, di servizi sanitari e di strutture per la gestione dei rifiuti solidi. Inoltre, gli abitanti delle baraccopoli devono far fronte a strutture scolastiche inadeguate, disoccupazione, mancanza di energia, assenza di sistemi di drenaggio, alti tassi di criminalità e mancanza di una governance adeguata, compresi i servizi di sicurezza. Tutto ciò ha portato a esiti pericolosi per la vita, con conseguente povertà di massa, malattie contagiose, conflitti e altri rischi sociali, ecologici ed economici. L'esperienza degli abitanti degli slum illustra chiaramente che le persone che vivono in povertà non solo affrontano le privazioni, ma sono anche intrappolate nella povertà perché sono escluse dal resto della società, non hanno voce in capitolo e sono minacciate da violenza e insicurezza. (Amnesty International, 2009) C'è

---

[9] Mayamba, T.N. (2012). *Mappatura dei servizi di polizia nella Repubblica Democratica del Congo: interazioni istituzionali a livello centrale, provinciale e locale.* Rapporto di ricerca IDS 71: 94.

[10] Okenyodo, O. (2016). *Governance, responsabilità e sicurezza in Nigeria. Africa Security Brief* n. 31, Africa Center for Strategic Studies, Washington, DC.

effettivamente una netta mancanza di empowerment e di capitale sociale e le autorità corrotte ne hanno approfittato. Panzi è una delle più grandi baraccopoli intorno alla città di Bukavu, con una popolazione media di circa ottomila persone. (Bureau Quartier Panzi, 2008) Secondo un censimento locale del 2008, lo slum di Panzi è diviso in sette "cellules" o villaggi con popolazioni diverse: Major Vangu, Bizimana, Mbeke, Kaza-Roho, Mushununu, Mulengeza I e Mulengeza II.

Abbiamo identificato un gruppo di fattori che molto probabilmente alimentano la violenza mafiosa a Panzi: l'**insicurezza e la resistenza alle associazioni di quartiere.** L'incapacità dello Stato congolese di riconoscere e amministrare gli insediamenti informali come il Quartier Panzi ha avuto implicazioni negative sulla sicurezza. Di conseguenza, la sicurezza è stata in gran parte lasciata nelle mani degli abitanti della baraccopoli, sebbene la polizia faccia occasionalmente delle pattuglie di sicurezza lungo le strade principali. I vigilantes sono diventati particolarmente popolari perché parlano la stessa lingua dei membri della comunità che sono stati creati per proteggere. I vigilantes negli slum sono reclutati tra i giovani disoccupati degli slum. Le reclute devono dimostrare una buona conoscenza di tutti i residenti che abitano una determinata sezione dello slum, per tenere lontani i membri sospetti del non gruppo. Il servizio dei membri dei vigilantes è compensato da donazioni raccolte da tutte le famiglie e le imprese che operano nella zona. I vigilantes si sono dimostrati un organo affidabile per la gestione della sicurezza nelle baraccopoli dove lo Stato è debolmente radicato. Oltre alla paura di perdere la remunerazione, i vigilantes sentono di avere un attaccamento nazionalista al loro dovere e una responsabilità nei confronti della comunità che assume i loro servizi. Tuttavia, nel recente passato i vigilantes sono stati infiltrati da delinquenti che li hanno resi parte della minaccia alla sicurezza in alcune aree. Come le milizie, i vigilantes sono soggetti a un uso improprio da parte di politici e uomini d'affari che sono inclini ad assumerli per intraprendere missioni criminali. Inoltre, i vigilantes servono come terreno di reclutamento per i giovani che poi prestano servizio nelle milizie. Nonostante queste debolezze, l'apparato statale sembra sostenere vigilantes come parte del meccanismo di polizia comunitaria.

La risposta della polizia all'insicurezza

Le baraccopoli sono ancora le zone più mal pattugliate della città di Bukavu. Nella maggior parte degli slum, i residenti riferiscono di non aver mai visto un poliziotto di pattuglia né di giorno né di notte. Il motivo per cui le baraccopoli sono scarsamente pattugliate è che alcune sezioni sono impenetrabili dai furgoni della polizia. In secondo luogo, le baraccopoli servono come nascondiglio per i criminali più incalliti. Questo ha fatto sì che alcune aree degli slum siano troppo insicure per gli agenti di polizia che le pattugliano a piedi. In alcune occasioni, i criminali hanno attaccato i poliziotti di pattuglia, li hanno uccisi e derubati delle loro armi, che sono state poi utilizzate per le missioni criminali. Con l'eventuale collasso dei servizi di polizia comunitaria, i criminali hanno cercato di creare rifugi sicuri nelle baraccopoli, fuori dalla portata della polizia. In generale, la risposta della polizia è ancora troppo poco, troppo tardi e troppo inaffidabile per contenere la situazione di sicurezza che sta degenerando. Nei sondaggi condotti da Afrobarometer[11] , più della metà delle vittime di crimini non ha contattato la polizia perché, tra l'altro, temeva che venisse loro chiesta una tangente o che venissero allontanate di punto in bianco[12] . Inoltre, il 54% degli intervistati ha dichiarato che ottenere assistenza da un tribunale era "difficile" o "molto difficile" e il 30% ha riferito di aver pagato una tangente per ottenere assistenza[13] . Inoltre, il 43% ha dichiarato di non fidarsi dei tribunali o di fidarsi solo in minima parte, mentre il 60% ha sperimentato lunghi ritardi nelle cause giudiziarie[14] . I poveri erano i meno propensi a fidarsi del sistema giudiziario. I giovani sono stati spesso oggetto di una dura azione di polizia, aggravata da una diffusa mancanza di strutture o procedure per la giustizia minorile.

In preda alla frustrazione, gli abitanti dello slum di Panzi reagiscono ai crimini

---

[11] Afrobarometro è un ente di ricerca apartitico che conduce sondaggi sull'opinione pubblica in materia di democrazia, governance, condizioni economiche e questioni correlate in più di 30 Paesi africani. Vedere http://www.afrobarometer.org/

[12] Wambua, P. M. (2015). *Chiamare la polizia? In tutta l'Africa, i cittadini indicano problemi di performance della polizia e del governo in materia di criminalità.* Dispaccio Afrobarometro n. 57.

[13] Logan, C. (2017). *L'ambizioso obiettivo degli SDG si confronta con realtà impegnative: L'accesso alla giustizia è ancora sfuggente per molti africani.* Documento politico di Afrobarometro n. 39.

[14] Ibidem.

amministrando la giustizia di mafia sui sospetti. Questa strategia provoca maggiore violenza, poiché le bande criminali vendicano l'uccisione dei loro colleghi. Inoltre, l'eliminazione dei criminali attraverso la giustizia mafiosa viene politicizzata, soprattutto se la vittima non è un membro della comunità sospettata di aver commesso l'omicidio. La giustizia mafiosa comporta anche il rischio di eliminare sospetti innocenti.

Disoccupazione giovanile e ozio

La disoccupazione è una delle principali minacce alla stabilità degli slum di Panzi. La maggior parte dei migranti rurali-urbani impiega anni prima di trovare un lavoro che possa generare un reddito. Inoltre, le persone nate e cresciute negli slum hanno difficoltà a portare la loro istruzione a livelli più alti per migliorare le loro possibilità di impiego. La mancanza di grandi investimenti negli slum, dovuta all'insicurezza, crea una situazione in cui la popolazione attiva deve percorrere lunghe distanze alla ricerca di lavoro salariato. L'entità della popolazione occupata negli slum sembra essere un problema strutturale e ha una forte dimensione di classe. Alcune delle conseguenze del problema della disoccupazione di massa tra i giovani degli slum includono: la tentazione e la motivazione dei giovani a unirsi a gruppi criminali, l'aumento del numero di giovani disposti a correre rischi perché non hanno nulla da perdere, l'enorme aumento dell'abuso di droga tra i giovani degli slum, ecc.

Le sfide che le autorità di polizia devono affrontare per controllare la violenza mafiosa a Panzi

Le forze di polizia congolesi sono scarsamente retribuite, le condizioni abitative sono umilianti, i veicoli e le armi utilizzate sono vecchi e in stato di abbandono. Sembra che a causa delle difficoltà in cui operano le forze di polizia, una parte considerevole dei membri sia stata coinvolta in attività criminali di un tipo o dell'altro contro i cittadini che avrebbero dovuto proteggere. Si ritiene che alcuni membri della polizia noleggino le loro uniformi e le loro armi alle bande in cambio di una percentuale sul bottino. Inoltre, alcuni dei crimini commessi nella città di Bukavu non sarebbero stati possibili senza la conoscenza della polizia. La maggior parte dei residenti della baraccopoli di

23

Panzi vive in condizioni di estrema povertà, guadagnando meno di 1 dollaro al giorno. I tassi di disoccupazione sono elevati e l'insicurezza è diffusa. I casi di aggressione e stupro sono frequenti. La maggior parte degli abitanti del Panzi non ha accesso ai servizi sociali di base: ci sono poche scuole e la maggior parte delle persone non può permettersi un'istruzione per i propri figli. L'acqua pulita è scarsa e quindi le malattie causate dalla scarsa igiene sono prevalenti.

La mancanza di strade di accesso e di luci di sicurezza in quasi tutti gli slum di Panzi predispone donne e ragazze a stupri e violenze sessuali. Inoltre, si registrano problemi sociali come il commercio di droghe pesanti, l'abuso di droga e la prostituzione minorile, le rapine con violenza, i furti con scasso e gli omicidi. Gli abitanti degli slum sono fermamente convinti che il numero di agenti di polizia distaccati nelle baraccopoli sia troppo esiguo rispetto alle dimensioni della popolazione che dovrebbero proteggere. In secondo luogo, accusano alcuni agenti di polizia di collaborare con i criminali e di dividersi i proventi dei crimini, per cui più spesso del necessario prendono in mano la legge e amministrano la violenza della folla contro veri o presunti colpevoli.

La violenza mafiosa sembra essere un evento comune nello slum di Quartier Panzi. In media, ogni settimana si registrano due (2) o tre (3) casi di pestaggio, mutilazione o linciaggio. Si possono notare alcuni picchi stagionali di violenza mafiosa in determinati periodi dell'anno, soprattutto durante le vacanze scolastiche. Gli abitanti dello slum di Panzi ritengono che la violenza di gruppo faccia ormai parte del loro modo di vivere nello slum e che sia un male necessario per arginare la criminalità nell'area, in assenza di alternative migliori in termini di polizia e sicurezza.

I seguenti elementi (o la combinazione di uno di essi) sono stati identificati come le cause principali della violenza extragiudiziale di matrice mafiosa nel Quartier Panzi: frustrazione e rabbia dei residenti di Panzi a causa dell'apparente inefficacia della polizia nel sorvegliare l'area e nell'amministrare la giustizia, mancanza di fiducia nei meccanismi di applicazione della legge afflitti da corruzione, impunità e traffico di influenza all'interno della polizia. Le dure condizioni socio-economiche che prevalgono a Panzi, le dipendenze e l'indifferenza della polizia nei confronti dei casi di violenza extragiudiziale - considerata come una sua implicita approvazione - sono state identificate come altre potenziali cause della violenza di gruppo nell'area.

Quando si chiede di indicare i primi cinque reati e crimini che possono sfociare in violenza di gruppo nell'area, la maggior parte degli abitanti dello slum di Panzi cita l'omicidio, la rapina con violenza, lo stupro di minori, la complicità nel furto e lo scippo di borse e telefoni come i principali reati e crimini che attirano l'ira della folla contro i presunti colpevoli. Un classico episodio di violenza mafiosa a Panzi inizia con una presunta vittima dei reati sopra citati (o un suo parente) che chiede aiuto in quello che è conosciuto localmente come "Kulalamikiya Mwizi" mentre insegue o lotta con un presunto colpevole. I vicini e i passanti, allertati dalle grida della vittima, si mettono spontaneamente a picchiare il presunto o i presunti aggressori.

Sono molto comuni anche i casi di presunte identità sbagliate dei colpevoli e di terzi che sono stati feriti, picchiati o uccisi solo per aver cercato di opporsi alla violenza mafiosa. Anche le persone che si oppongono apertamente alla violenza mafiosa vengono spesso aggredite con l'accusa di collusione con i colpevoli.

I giovani ventenni e i giovani adulti di sesso maschile di età inferiore ai 40 anni sono i principali gruppi sociali coinvolti nella distribuzione extragiudiziale della violenza mafiosa sia come vittime che come aggressori. Sono stati identificati e arrestati alcuni individui femminili isolati che agiscono come capibanda, ricettatori di beni rubati, informatori di criminali o complici. Alcune sono state anche linciate insieme ai loro colleghi maschi quando sono state colte in flagrante.

L'assenza di stazioni di polizia adeguatamente funzionanti nello slum di Panzi può essere considerata un'indicazione del fatto che lo Stato in generale e i suoi rappresentanti sul campo non sono impegnati a trovare soluzioni sostenibili ai problemi di sicurezza e di polizia di Panzi. Nell'area opera un posto di polizia con personale insufficiente e mal equipaggiato. La polizia che pattuglia a caso l'area incoraggia la pratica della violenza di gruppo. In molte occasioni, gli autori della violenza di gruppo hanno aggredito i presunti colpevoli mentre gli agenti di polizia di pattuglia stavano osservando, chiedendo addirittura di "finire" di agonizzare le vittime della violenza di gruppo, in modo che loro (la polizia) potessero solo "disfarsi del corpo, invece di portare le vittime in ospedale e spendere tempo prezioso in procedure amministrative".

25

Le persistenti accuse e lamentele dei residenti di Panzi sulla riluttanza della polizia, sulla sua inefficacia e sulla tendenza a lasciare che i criminali arrestati escano dalla custodia come uomini liberi senza un giusto processo contribuiscono a convincerli ulteriormente che il governo non è impegnato a trovare soluzioni sostenibili per la polizia dell'area.

Le attuali misure di polizia e sicurezza nello slum di Panzi potrebbero essere migliorate in molti modi. I responsabili amministrativi locali del "Bureau de Quartier", così come molti altri stakeholder e abitanti di Panzi con cui abbiamo parlato per questo saggio, hanno menzionato diverse sfide chiave che, a loro avviso, ostacolano una buona attività di polizia nell'area: Il basso numero di agenti di polizia presenti nell'area e la loro mancanza di equipaggiamento, alcuni dei principali funzionari amministrativi locali che dovrebbero dare una risposta tempestiva agli episodi di violenza mafiosa non vivono a Panzi e non possono essere d'aiuto in caso di episodi di violenza mafiosa che si verificano di notte o nei giorni festivi, la mancanza di mezzi di trasporto rende difficile per gli agenti di polizia rispondere alle emergenze e li costringe a percorrere lunghe distanze a piedi, e l'accesso fisico a un'ampia area dello slum è reso difficile dalla mancanza di strade e vie d'accesso. La polizia e le altre forze dell'ordine sembrano prestare maggiore attenzione alle aree della classe media superiore intorno al centro di Bukavu, come Muhumba, piuttosto che all'area di Panzi. L'apparente mancanza di risorse di polizia nell'area di Panzi può essere correlata a una deliberata disuguaglianza nella ripartizione delle risorse tra le aree alto-borghesi intorno al centro di Bukavu e luoghi come Panzi da parte delle autorità di polizia, sebbene questa affermazione non possa essere supportata da alcuna prova evidente. Tutti gli elementi sopra citati sembrano essere parte di una complessa rete di fattori al centro delle dinamiche interne proprie dell'area che spiegano la generale accettazione della violenza mafiosa per amministrare la "giustizia popolare".

Le dinamiche interne di Panzi che portano all'accumulo di violenza mafiosa sono esacerbate da un'impennata demografica, dal fallimento delle strutture familiari e da un numero importante di giovani inattivi con poche prospettive economiche, quando hanno la fortuna di averne. Una netta maggioranza dei residenti di Panzi ritiene che i

26

programmi di riduzione della povertà rivolti alle famiglie e all'emancipazione economica dei giovani, le campagne di educazione civica rivolte ai giovani e un ripensamento del piano generale di sicurezza e di polizia di Panzi siano necessari per arginare la violenza di gruppo e migliorare la sicurezza nell'area. La frustrazione e la rabbia dei residenti di Panzi per l'apparente inefficacia della polizia nel sorvegliare l'area e nell'amministrare la giustizia, la mancanza di fiducia nei meccanismi di applicazione della legge, afflitti da corruzione, impunità e traffico di influenze all'interno della polizia, e la lunga distanza tra Panzi e le stazioni di polizia più vicine che meritano l'area sono le cause principali che alimentano la violenza mafiosa nella zona. I residenti di Panzi sembrano aver razionalizzato la violenza mafiosa come un mezzo legittimo di deterrenza contro la criminalità nel mezzo dell'illegalità che li circonda. Sembrano anche convinti che la violenza mafiosa sia un mezzo legittimo per amministrare la giustizia in assenza di altre alternative.

CAPITOLO 4

QUALI SOLUZIONI CONTRO LA VIOLENZA MAFIOSA A PANZI?

Esiste una varietà di fattori sociali che contribuiscono alle cause della giustizia mafiosa nello slum di Panzi, così come la mentalità pervasiva che essa sia l'unico modo per assicurare le persone alla giustizia. La giustizia mafiosa rende necessario affrontare alcune domande difficili ma inevitabili sulla natura della società congolese e sull'efficacia delle risposte dello Stato al fenomeno degli omicidi commessi dagli autori della giustizia mafiosa. L'incapacità dello Stato di adottare misure efficaci per prevenire morti inutili si manifesta nella tolleranza di alcune pratiche tradizionalmente accettate e nella promozione dell'impunità, non perseguendo i responsabili. L'amministrazione locale, a quanto pare, ha fallito e continua a fallire nel suo obbligo legale di proteggere le vittime della giustizia mafiosa. Il sistema di giustizia penale locale presenta una miriade di sfide per quanto riguarda le misure di controllo della criminalità. Lo Stato ha la responsabilità primaria per la pace e la sicurezza delle persone e dovrebbe svolgere un ruolo di primo piano nel contenere il crimine, prevenire, gestire e fornire strategie efficaci in risposta al problema della giustizia mafiosa. Le risposte strategiche ed efficaci dovrebbero essere sviluppate sulla base di una solida comprensione della natura e della portata della giustizia mafiosa nell'area.

- **Comprendere le cause immediate della violenza mafiosa**

Combattere la giustizia mafiosa significa affrontare le cause del problema. Si tratta di combattere la povertà, la disoccupazione, la disuguaglianza, i precedenti di violenza nella comunità, la corruzione delle autorità preposte all'applicazione della legge e l'ignoranza dei residenti dei quartieri poveri. Anche l'indifferenza nell'affrontare i bisogni della comunità da parte delle parti interessate e la mancanza di responsabilità alimentano la situazione. Per combattere veramente la giustizia mafiosa, è necessario combattere la palese inefficacia delle autorità di polizia locali e regionali. Senza uno sforzo da parte del governo per combattere la giustizia mafiosa, il problema continuerà senza sosta. La fase iniziale consisterebbe nel cercare di comprendere a fondo i fattori che causano la giustizia mafiosa. Ciò richiede lo sviluppo di politiche e risposte efficaci basate su una solida comprensione della natura e della portata della giustizia di mafia in tutta la città[15]. La comprensione di questi fattori può portare all'adozione di politiche e procedure locali/provinciali appropriate che consentano di evitare ulteriori attacchi in futuro. È imperativo cercare di comprendere e ridurre questa violenza intraprendendo un'analisi attenta e dettagliata del contesto specifico in cui si verificano le violenze di mafia nelle baraccopoli di Bukavu e trovare strategie per arginarle. Sibanda[16] ha detto chiaramente che affrontare le cause alla radice della giustizia di mafia contribuirebbe alla creazione di una società in cui la vita e la dignità umana sono rispettate a prescindere dallo status degli individui. I titolari dei diritti devono essere informati su di essi per renderli effettivi. Insegnare alle persone i loro diritti garantirà anche che i funzionari statali e la popolazione in generale siano consapevoli del divieto di uccidere arbitrariamente[17]. Le persone devono essere informate sugli elementi indesiderati della giustizia mafiosa. Forse hanno un'idea generale di cosa sono, ma potrebbe mancare una migliore comprensione di come funzionano esattamente. La comprensione è destinata a incoraggiare il rispetto e l'impegno dell'opinione pubblica nei confronti dei diritti umani e dello Stato di diritto[18].

- **Controllo della polizia comunitaria e dei gruppi di vigilanti**

Le comunità di Bukavu colpite dalla povertà dipendono ancora dalla polizia comunitaria e dai gruppi di vigilantes. La loro presenza non può essere trascurata, poiché sono necessari per il controllo della criminalità agli occhi delle comunità povere. Un gruppo di vigilantes attivo nell'area di Panzi, chiamato "Essence Forces Vives", ha raggiunto un livello di riconoscimento de facto come operatore di sicurezza e protezione da parte dei residenti e delle autorità di polizia, poiché tutti ricorrono ai suoi servizi per ritrovare le proprietà smarrite e risolvere le dispute tra di loro. Un gruppo di leader di questo gruppo di vigilanti è stato cooptato come consulente per la sicurezza del governatore della provincia del Sud Kivu in circostanze poco chiare e ora

---

[5] http://www.refworld.org/docid/4a9e2c1eOhtml Segretario Generale delle Nazioni Unite 2009.
[5] Sibanda, M. 2014. *Contestualizzare il diritto alla vita e il fenomeno della violenza mafiosa in Sudafrica.* JWU, SA.
[7] Thompson e Giffard. *Manuale di denuncia delle uccisioni come violazioni dei diritti umani.*
[8] Il relatore. *Comprendere e regolamentare la sicurezza privata in Ghana.* 20

riferisce direttamente solo al suo gabinetto, scavalcando tutte le altre agenzie e autorità di polizia.

Sebbene si ammetta che le iniziative di polizia comunitaria sono uno strumento necessario, in quanto colmano le lacune nell'applicazione della legge da parte della polizia[19] , è anche imperativo che vengano messi in atto mezzi di controllo di questi gruppi. Questa può essere una delle strategie per inabilitare o almeno controllare i gruppi di vigilantes come autori di giustizia mafiosa. È necessario adottare misure severe per garantire che tali gruppi operino entro i confini della legge e che non si trasformino in organizzazioni criminali che compiono uccisioni illegali in nome della giustizia[20] . Ciò può essere ottenuto educando i membri dei gruppi comunitari sulle leggi in materia e dando istruzioni su quali azioni sono consentite e quali no, per garantire che la loro auto-polizia rimanga entro i confini della legge[21] . Questo migliorerà anche la responsabilità. Sono inoltre necessari meccanismi espliciti per gestire gli incidenti di mafia. Questo metterà anche in discussione l'opinione pubblica (in gran parte errata) secondo cui il sistema di giustizia penale lavora a favore dei criminali. Dovrebbe essere chiaro a tutti che, così come allo Stato è vietato utilizzare attori privati per compiere omicidi da parte di vigilanti, esso è anche tenuto a proteggere le persone dal vigilantismo violento portato avanti da gruppi formati da privati. I funzionari dell'amministrazione locale dovrebbero pronunciarsi contro la giustizia mafiosa ogni volta che si verificano tali atti e garantire che venga fatto ogni sforzo per indagare a fondo sul crimine e ritenere i responsabili responsabili. Il Parlamento della provincia del Sud Kivu dovrebbe rafforzare le misure per affrontare la violenza mafiosa, introducendo una legislazione che la criminalizzi espressamente. Le forze dell'ordine devono prendere provvedimenti per aumentare la fiducia delle vittime dei crimini nel denunciarli alla polizia.

- **Strategie di sradicamento della povertà**

La povertà, la disoccupazione, la mancanza di accesso alle opportunità di istruzione, la

---

[19] http://www.refworld.org/docid/4a9e2c1e0html Segretario Generale delle Nazioni Unite 2009.
[20] Ibidem.
[21] Ibidem.

disuguaglianza e l'emarginazione sono alla base di gran parte della giustizia mafiosa che si manifesta nelle baraccopoli di Bukavu e costituiscono la base per i conflitti e la rabbia rivolti alle autorità da un lato e ai presunti colpevoli dall'altro. Il governo provinciale deve elaborare politiche che affrontino le questioni della povertà, della disoccupazione, della disuguaglianza e della scarsa erogazione dei servizi[22] . Devono esserci piani a lungo e a breve termine che servano da guida per attuare le strategie di riduzione della povertà e di riqualificazione degli slum. Gli abitanti degli slum devono essere pienamente coinvolti nei dialoghi che mirano a ridurre la povertà nelle loro comunità. Lo Stato deve creare un'occupazione adatta alle persone bisognose. La creazione di posti di lavoro genererà redditi stabili per le famiglie, nonché partecipazione sociale e ripristino della dignità, condizioni necessarie per ridurre in modo sostanziale la giustizia mafiosa[23] .

La giustizia mafiosa è illegale, disumana e rappresenta una violazione dei diritti costituzionali e fondamentali di innumerevoli vittime. È necessario uno sforzo concertato per arginare o ridurre la giustizia mafiosa, che deve andare oltre le generiche richieste di miglioramento dei sistemi di polizia e giudiziari[24] . Tutte le parti interessate e tutti i cittadini devono essere coinvolti nella lotta contro la giustizia mafiosa. La vittoria può essere ottenuta con uno sforzo congiunto, poiché è evidente che la soluzione per porre fine o ridurre la giustizia mafiosa è affidata sia al governo sia alla società in generale, che devono aumentare i poliziotti e formare reti di polizia comunitaria per arginare l'insicurezza. Un sistema legale efficace dovrebbe essere messo in atto per far rinascere la fiducia della gente nel sistema giudiziario.

---

[22] Bandeira e Higson-Smith 2011 *CSVR e SWOP*
[23] Sibanda, M. 2014. *Contestualizzare il diritto alla vita e il fenomeno della violenza mafiosa in Sudafrica.* NWU, SA.
[24] http://www.refworld.org/docid/4a9e2c 1 eOhtml Segretario Generale delle Nazioni Unite 2009.

CAPITOLO 5
CONCLUSIONI E RACCOMANDAZIONI

È opinione comune che una comunità che dispone di meccanismi di applicazione della legge adeguatamente funzionanti non senta il bisogno di farsi giustizia da sola. Pertanto, un modo fondamentale per prevenire la diffusione della violenza mafiosa è che un'amministrazione locale consolidi le proprie istituzioni e rafforzi la fiducia dei cittadini in tali istituzioni. Si può facilmente supporre che quando le persone acquistano maggiore fiducia nelle istituzioni, sono meno propense a minarle con le proprie azioni. Quando si verificano dei crimini, i cittadini hanno fiducia nel fatto che il sistema giudiziario si occuperà correttamente della questione. Purtroppo, nelle baraccopoli di Bukavu manca la fiducia tra le forze dell'ordine e i residenti. Si può facilmente notare la sfiducia della popolazione nei confronti di istituzioni formali come la polizia e altri meccanismi di applicazione della legge, accusati di corruzione e di una gestione impropria delle indagini penali negli slum di Bukavu. La popolazione dei bassifondi di Bukavu ha poca fiducia nel sistema giudiziario a causa della sua corruzione. Molti accusano il processo giudiziario di essere facilmente manipolabile. I criminali e gli autori di violenze mafiose possono essere lasciati andare facilmente, a patto che siano in grado di portare una sostanziosa tangente. L'insoddisfazione degli abitanti degli slum per questo sistema ha portato a prendere la legge nelle proprie mani e a sostenere pubblicamente la giustizia mafiosa come forma alternativa di applicazione della legge. Quando i crimini non vengono indagati e gestiti in modo adeguato dalla legge a causa della sua incompetenza, le folle si ribellano per combattere il problema da sole. In un corpo di polizia sotto organico, mal addestrato e mal equipaggiato, non adeguatamente retribuito perché i fondi non scendono lungo la linea occupazionale e circolano solo tra i vertici, un agente di polizia di strada si affida alle tangenti come mezzo per sopravvivere[25] . Alle debolezze del sistema giudiziario e alla mancanza di capacità della polizia di fornire giustizia in tempi ragionevoli, il pubblico risponde picchiando e uccidendo i presunti criminali, minando così le forze dell'ordine e il sistema giudiziario nel suo complesso. La criminalità dilagante e l'incapacità delle forze

---

[25] https://tunasangwiches.wordpress.com/2013/01/23/160/ visitato l'8 settembre[th] , 2018

dell'ordine di domarla sono quindi i motori della giustizia mafiosa nelle baraccopoli di Bukavu.

Pertanto, il carattere onnipresente degli incidenti di giustizia mafiosa nelle baraccopoli di Bukavu, e in particolare a Panzi, implica che le sanzioni legali per porvi fine sono fallite e che la legge non affronta adeguatamente tutti i parametri e la filosofia alla base di questo problema sociale. La sua persistenza è sintomatica dell'illegalità all'interno degli insediamenti informali di Bukavu e di una manifesta riluttanza da parte del governo a fermarla o a emanare leggi specifiche che affrontino il problema. È una prova della debolezza del sistema giudiziario. I residenti di Panzi ricorrono sempre ad atti di violenza ogni volta che si trovano di fronte a sfide o quando viene presa una decisione pubblica impopolare o quando qualcuno commette un crimine o quando qualcuno ha preferenze diverse rispetto alle norme sociali accettate nell'area. Il perdurare della giustizia mafiosa mina le istituzioni congolesi e rischia di cadere nell'illegalità, dove le persone prendono arbitrariamente la legge nelle loro mani. Ciò è particolarmente pericoloso per gli stessi abitanti delle baraccopoli: da un lato, le baraccopoli sono viste dagli estranei come covi di delinquenti e i loro abitanti sono etichettati come barbari e irascibili, il che ha giustificato i modi pesanti della polizia nel gestire le manifestazioni pacifiche di massa nelle baraccopoli o semplicemente nel condurre i pattugliamenti di routine; dall'altro lato, in diverse occasioni i passanti innocenti sono stati facilmente accusati dalla folla e non hanno potuto difendersi prima che la folla si scagliasse contro di loro. La maggior parte di questi casi si è conclusa con la morte o con una vittima in fin di vita.

La paura degli automobilisti di essere picchiati da una folla inferocita ha anche contribuito alla morte per incidente stradale. Le persone coinvolte in un incidente stradale non rimangono sul luogo dell'incidente o non denunciano il caso alla polizia perché temono di essere picchiate a morte da una folla inferocita e preferiscono correre l rischio di essere investiti. Inoltre, i passanti sono più disposti a passare davanti alla scena di un incidente stradale per paura di essere identificati erroneamente dalla folla. Ciò provoca la morte delle persone coinvolte in incidenti stradali, in situazioni in cui si sarebbe potuto prestare aiuto e salvare le loro vite.

33

La giustizia mafiosa disumanizza estremamente le vittime a causa di ciò che si presume abbiano fatto o di chi sono e sono soggette ai capricci di vigilanti senza scrupoli[26] . La base di questo trattamento è che i colpevoli percepiti meritano il trattamento più brutto e non possono lamentarsi dell'esperienza avvilente che subiscono, anche se sembra assolutamente crudele. Il grado di violenza inflitto dalle folle diffonde la barbarie all'interno delle comunità, che diventano colpevoli di condonare e partecipare a omicidi di massa. Non è un esempio morale di come una comunità dovrebbe gestire i suoi problemi, ma piuttosto permette a pochi temperati di sparigliare le folle, crea disordini e caos, scoraggia l'organizzazione e fa crollare una comunità.

Il linciaggio e il vigilantismo sono usati come metodi difensivi di controllo sociale in risposta soprattutto ai piccoli furti nello slum di Panzi. La violenza comunitaria negli slum di Bukavu si concentra sugli individui (non sui gruppi). Sebbene vi siano ancora gravi limitazioni nella comprensione dei fattori contestuali di rischio e di protezione dei giovani uomini che sono ladruncoli, è chiaro che il mancato o insufficiente impiego dei giovani maschi è un importante fattore di criminalità, compresi i furti, le rapine e gli omicidi negli slum di Bukavu. In teoria, diminuendo il numero di atti devianti, diminuirebbero i casi di linciaggio e di vigilantismo. Il modo più umano per diminuire i piccoli furti è un'occupazione adeguata. Gli ostacoli che si frappongono all'attuazione di questo provvedimento sono questioni a lungo termine, come le condizioni e le politiche macroeconomiche, le disuguaglianze economiche, il degrado delle risorse naturali, la mancanza di istruzione e di posti di lavoro. Fattori come la povertà e la disoccupazione non possono essere invertiti da un giorno all'altro e ci vorrà uno sforzo concertato dello Stato, dei suoi organi e dei cittadini per raggiungere questo obiettivo.

Tornando allo slum di Panzi, è chiaro che la violenza di gruppo è prevalente nell'area ed è stata razionalizzata dai residenti come un mezzo "normale" per amministrare la giustizia in assenza di adeguati meccanismi di applicazione della legge nella zona. La frustrazione e la rabbia degli abitanti dello slum di Panzi per l'apparente inefficacia della polizia nel sorvegliare l'area e nell'amministrare la giustizia, la mancanza di

---

[26] Sibanda, M. 2014. *Contestualizzare il diritto alla vita e il fenomeno della violenza mafiosa in Sudafrica.* NWU, SA.

34

fiducia nei meccanismi di applicazione della legge, afflitti da corruzione, impunità e traffico di influenze, e l'assenza di una stazione di polizia all'interno dell'area sono stati individuati come i principali fattori che spingono gli abitanti di Panzi a ricorrere alla violenza di gruppo come deterrente per i criminali e come mezzo per amministrare la giustizia. È evidente che una varietà di fattori determina un particolare insieme di dinamiche interne allo slum di Panzi che spiegano perché i residenti ricorrano alla violenza mafiosa: le dure condizioni socio-economiche prevalenti a Panzi, la dipendenza dei giovani residenti da droghe proibite e l'indifferenza della polizia nei confronti dei casi extragiudiziali di violenza mafiosa, considerati come una sua implicita approvazione, possono essere considerati come parte di una complessa rete di fattori al centro delle dinamiche interne proprie dello slum di Panzi che spiegano la generale accettazione della violenza mafiosa come mezzo per amministrare la giustizia.

La storia della violenza mafiosa nello slum di Panzi è stata segnata anche da gravi violazioni dei diritti umani, in quanto non è stato seguito alcun tipo di "giusto processo" e si dice che siano comuni i casi di identità sbagliate e di false accuse di presunti colpevoli motivate da dissidi personali di vecchia data. In tutti i casi, la riluttanza e la mancanza di testimoni pronti ad aiutare la polizia a condurre un'indagine adeguata, per paura di essere vittimizzati dalla folla o di essere incriminati dalle forze dell'ordine, permettono agli autori della violenza mafiosa di essere liberi e di perpetuare il ciclo di violenza su altri veri o presunti colpevoli.

Pertanto, sulla base di queste informazioni, formuliamo le seguenti raccomandazioni: Il governo provinciale del Sud-Kivu dovrebbe ripensare i piani generali di polizia delle baraccopoli di Bukavu (e di Panzi in particolare), migliorando il numero di stazioni di polizia pienamente funzionanti che le meritano e il numero di agenti di polizia ben equipaggiati ed etici che operano in queste aree. Inoltre, negli slum come Panzi dovrebbero essere introdotte strutture alternative a quelle formali, come i centri di formazione professionale, per fornire conoscenze e competenze in grado di responsabilizzare i giovani inattivi e aumentare le possibilità di integrazione sociale e di migliori prospettive economiche.

Il lavoro sul campo per la stesura di questo saggio ha portato alla mia attenzione che un'analisi completa del fenomeno della violenza di gruppo nelle baraccopoli urbane di Bukavu deve cercare di comprendere il ruolo svolto dai gruppi di vigilantes nello svolgimento di questa pratica. La *ragion d'essere* dei vigilantes a Bukavu, la combinazione di una forte insicurezza e di un'inadeguata attività di polizia nei bassifondi (Anderson, 2002; Stavrou, 2002), ha anche incoraggiato interventi indiscriminati ed estremi di violenza in situazioni di criminalità. Il racconto distorto dei vigilantes che si alternano per sorvegliare i quartieri con i fischietti in bocca racconta solo una parte della storia. I resoconti della violenza mafiosa raccolti durante il lavoro sul campo sono categorici: quando si tratta di attività violente, non esiste una chiara linea di demarcazione tra la folla e i vigilantes. La somiglianza tra il linciaggio della folla e il vigilantismo violento è impressionante. In realtà, i vigilantes possono essere visti come i precursori della violenza di gruppo nelle baraccopoli di Bukavu e sono stati trasformati in spietati autori di violenza. Ulteriori ricerche potrebbero cercare di rispondere alle seguenti domande: qual è la correlazione tra il vigilantismo violento e l'aumento dei casi di violenza di gruppo? I vigilantes usano la violenza di gruppo negli slum per giustificare la loro missione e perpetuare il bisogno delle comunità per il servizio che offrono? In che modo i vigilantes, costituiti per svolgere il nobile compito di proteggere i quartieri, possono essere distorti e orientati verso fini egoistici?

CAPITOLO 6
RIFERIMENTI

Ahluwalia, D.P. (1996). *Il postcolonialismo e la politica del Kenya.* Nova Science Publisher Inc: New York.

Amnesty International. (2009). *La maggioranza invisibile: I due milioni di abitanti delle baraccopoli di Nairobi.* Pubblicazioni di Amnesty International.

Bandeira, M. e Higson-Smith. (2011). *Rispondere al fumo che chiama: Principi degli interventi a livello comunitario per la prevenzione della violenza collettiva.* CSVR e SWOP, pagg. 1-33.

Berg, M. e Wendt, S. (2011). *Globalizzare la storia del linciaggio: Vigilantismo e punizioni extralegali da una prospettiva internazionale. prospettiva internazionale.* Palgrave Macmillan.

Centro per i diritti abitativi e gli sfratti (COHRE). (2008). *Donne, baraccopoli e urbanizzazione: Esame delle cause e delle conseguenze.* COHRE: Ginevra, pagg. 108.

Commins, F. (2018). *Dalla fragilità urbana alla stabilità urbana.* Africa Security Brief No.35, Africa Center for Strategic Studies, Washington, DC.

Gimode, E. (2001). *Un'anatomia della criminalità violenta e dell'insicurezza in Kenya: il caso di Nairobi, 1985-1999*, in *Africa Development,* XXVI.

Greenberg, M.S. (2010). Enciclopedia Corsini di Psicologia.

Hallowell, William Penrose. "Record of a Branch of the Hallowell Family, including the Longstreth, Penrose and Norwood Branches". pagina 39. Hallowell & Co., Filadelfia. Recuperato il 25 marzo 2012.

Kahal, H. C. (2006). *Stati, scarsità e conflitti civili nei Paesi in via di sviluppo.* Princeton University Press: Regno Unito.

K'akumu, O.A. e Olima, W.H.A. (2007). *Le dinamiche e le implicazioni della segregazione residenziale a Nairobi,* in *Habitat International* 31:87-99. www.korogocho.org (visitato il 26 agosto 2013).

Centro giuridico e per i diritti umani. (2010). Rapporto sui diritti umani in Tanzania 2009. LHRC: Tanzania.

Logan, C. (2017). *L'ambizioso obiettivo degli SDG si confronta con realtà impegnative: L'accesso alla giustizia è ancora sfuggente per molti africani.* Documento politico di Afrobarometro n. 39.

Manundu, M. (1997). Conflitti di classe: l'impatto dell'aggiustamento strutturale in Kenya. Università di Nairobi. http://payson.tulane.edu/conflict/ Cs%20St/ MANUFIN22.html (visitato il 26 agosto 2013).

Manstead, A.S.K. & Hewstone, M. (1996). *Enciclopedia Blackwell di psicologia sociale.* Oxford, UK: Blackwell. pp. 152-156.

Mitullah, W. (2003). *Capire gli slum: Casi di studio per il Rapporto globale sugli insediamenti umani, 2003: Il caso di Nairobi, Kenya.* UNHABITAT, Nairobi.

Muchai, A. (2003). *Indagine sulla criminalità in Kenya 2003.* SRIC: Nairobi.

Mutisya, E. & Masaru, Y. (2011). *Comprendere le dinamiche di base degli slum di Nairobi: il dilemma degli insediamenti informali di Kibera.* In International Transaction Journal of Engineering, Management, Applied Sciences & Technology. Volume 2 No.2. Disponibile online all'indirizzo http://TuEngr.com/V02/197-213.pdf.

Nichols, J. W. (1968). *A Report on Kenya Transition,* 36:22-25. www.jstor.org (visitato il 26 agosto 2013).

Okenyodo, O. (2016). *Governance, responsabilità e sicurezza in Nigeria. Africa*

Security Brief n. 31, Africa Center for Strategic Studies, Washington, DC.

Raleigh, C. (2015). *Modelli di violenza urbana negli Stati africani*. International Studies Review 17, n. 1, pagg. 90-106.

Smith, Thomas E. (autunno 2007). "Il discorso della violenza: Transatlantic Narratives of Lynching during High Imperialism". In *Journal of Colonialism and Colonial History (Johns Hopkins University Press) 8 (2)*.

Il relatore. (2007). *Understanding and Regulating Private Security in Ghana (Comprendere e regolamentare la sicurezza privata in Ghana)*. sul quarto workshop di formazione parlamentare 19-20 marzo 2007, New Coco Beach Resort Accra.

Toch, H. (1988). *Psicologia delle folle rivisitata*. In *Psicologia contemporanea* 33 (11): 954.

Thompson, K. e Giffard, C. (2002). *Reporting Killings as Human Rights Violations Handbook: How to Document and Respond to Potential Violations of Rights to life Within the International system for the Protection of Human Rights*. Centro per i diritti umani, Università dell'Essex.

Rapporto annuale della polizia ugandese sulla criminalità e sul traffico/sicurezza stradale 2010.

Programma di sviluppo delle Nazioni Unite. (2007). *Rapporto sullo sviluppo umano 2007/2008 Combattere il cambiamento climatico: Sicurezza umana in un mondo diviso*. UNDP: New York.

Verweijen J. (2015). "La sconcertante popolarità dell'in/giustizia popolare nella regione di Fizi/Uvira, Repubblica Democratica del Congo orientale". International Journal on Minority and

Diritti di gruppo" 22(3): 335-339 (accesso libero) http://booksandjournals. brillonline.com/ content/journals/10.1163/15718115-02203003 31

Verweijen J. (2016). *"Tra 'giustizia' e 'ingiustizia': Justice Populaire nella Repubblica Democratica del Congo orientale"*. SRP Policy Brief 4.

Vuninga, R. S. (2018). *"Lo fanno tutti": Le mutevoli dinamiche dell'attività delle bande giovanili a Bukavu, Repubblica Democratica del Congo*. Social Science Research Council Working Papers, African Peacebuilding Network Working Papers: no. 16.

Wambua, P. M. (2015). *Chiamare la polizia? In tutta l'Africa, i cittadini indicano problemi di performance della polizia e del governo in materia di criminalità*. Dispaccio Afrobarometro n. 57.

Indagine economica e sociale mondiale. (2008). *Superare l'insicurezza economica*. Nazioni Unite, Dipartimento degli Affari economici e sociali.

Milton Keynes UK
Ingram Content Group UK Ltd.
UKHW011146010424
440421UK00001B/331